孩子一

博物馆

山西出版传媒集团 三晋出版社

布谷童书◎编绘

图书在版编目（CIP）数据

孩子一定要看的博物馆 / 布谷童书编绘. -- 太原 ：三晋出版社，2025. 4. -- ISBN 978-7-5457-3255-9

Ⅰ. G269.26-49

中国国家版本馆CIP数据核字第20253WE746号

孩子一定要看的博物馆

编 绘：	布谷童书	
责任编辑：	秦艳兰	
责任印制：	李佳音　王立峰	

出 版 者：	山西出版传媒集团·三晋出版社
地 　址：	太原市建设南路 21 号
电 　话：	0351-4956036（总编室）
	0351-4922203（印制部）

经 销 者：	新华书店
承 印 者：	天津中印联印务有限公司

开 　本：	787mm×1092mm　1/32
印 　张：	2
字 　数：	11 千字
版 　次：	2025 年 4 月 第 1 版
印 　次：	2025 年 6 月 第 1 次印刷
书 　号：	ISBN 978-7-5457-3255-9
定 　价：	25.00 元

如有印装质量问题，请与本社发行部联系　电话：0351-4922268

目　录

目　录

故宫博物院是中国三大博物馆之一，成立于1925年，是在明、清两代皇宫及其收藏的基础上建立起来的综合性博物馆，也是中国最大的古代文化艺术博物馆，其文物收藏主要来源于清代宫中旧藏，现有藏品总量已达180余万件（套），共分为25个大类别，其中一级藏品8000余件（套），堪称艺术宝库。

北京故宫博物院

亚酗方尊

材质：青铜
所属年代：商代
现藏地：故宫博物院

　　这件亚酗（xù）方尊与四羊方尊一样，应是酒器中的礼器。它方形的口沿向外敞开，挺着鼓鼓的腹部，足部外撇。器身上以雷纹为地纹，另饰夔纹和兽面纹。亚酗方尊其实是有一对儿的，除了收藏于故宫博物院的这件之外，另一件藏于台北故宫博物院。

材质：纸本
所属年代：唐代
创作者：韩滉（huàng）
现藏地：故宫博物院

《五牛图》

　　《五牛图》是中国十大传世名画之一，纵 20.8 厘米，横 139.8 厘米，尺幅比起其他传世名作并不大。作品完全以牛为表现对象，五只长相各异的牛姿态各不相同，动态十足。创作者韩滉笔法老练，描绘准确，细致入微，使得五牛神形兼备。

《千里江山图》

材质：绢本
所属年代：北宋
创作者：王希孟
现藏地：故宫博物院

《千里江山图》全长近12米，是北宋画家王希孟唯一的传世之作。画卷以青绿为主色调，以概括、精练的手法和细腻的笔法描绘了宋代的锦绣河山。画面中千山万壑，江河浩渺，曲径通幽中隐着屋宇房舍，各种人文景观与自然风光和谐相融，被视为宋代青绿山水中的巨制佳作。

《清明上河图》

材质：绢本
所属年代：北宋
创作者：张择端
现藏地：故宫博物院

赶考学子、贩夫走卒、漕运船夫、说书艺人、贵族妇女、顽皮儿童……身份不同、衣冠各异的北宋人民在都城汴京（今河南开封）过着怎样的生活呢？中国十大名画之一的《清明上河图》为我们描绘出了清明时节汴京东角子门内外和汴河两岸繁华、热闹的景象。全卷画面内容丰富生动，概括性地再现了北宋全盛时期汴京的风土人情。

《梅鹊图》

材质：丝质
所属年代：南宋
创作者：沈子蕃
现藏地：故宫博物院

　　此图以画稿为摹本，以十五六种色丝装的小梭代笔，缂（kè）织而成。画上粗壮苍劲的梅树枝干旁逸斜出，朵朵清雅的梅花点缀枝上，不惧寒意。两只喜鹊栖在梅干之上，一只好像还在酣睡，另一只则昂首远眺，仿佛在等待即将来临的春天。该图轴古韵十足，清丽典雅，是南宋时期缂丝工艺杰出的代表作之一。

「张成造」剔犀云纹盘

材质：漆、木
所属年代：元代
制作者：张成
现藏地：故宫博物院

　　这件"张成造"剔犀云纹盘是不可多得的雕漆珍品，高 3.3 厘米，以木为胎，通体黝黑发亮，所雕云纹线条流畅圆润、古朴大气。漆盘近足的边缘处还有张成惯用的"张成造"三字针划细款作为署款。

金瓯永固杯

材质：金
所属年代：清代
现藏地：故宫博物院

  这只鼎式金杯颜值出众，通体璀璨，珠光宝气，所镶嵌的大、小珍珠及红、蓝宝石等都是珍贵材料。它是由乾隆皇帝下令打造的，杯身还錾有篆书"金瓯永固"与"乾隆年制"的落款。

中国国家博物馆的前身可追溯至1912年，是历史与艺术并重，集收藏、展览、研究、考古、公共教育、文化交流于一体的综合性博物馆，内有展厅48个，藏品数量达143万余件。

中国国家博物馆

人面鱼纹彩陶盆

材质：陶
所属年代：新石器时代前期仰韶文化
现藏地：中国国家博物馆
出土地：陕西省西安市半坡

　　作为新石器时代的艺术精品，人面鱼纹彩陶盆被列入《第三批禁止出境展览文物目录》。其内壁呈砖红色，最突出的特点就是壁上以黑彩绘制出的图案：一张人脸圆滚滚，头戴一顶尖尖帽，眼睛眯成一条线，耳朵长得像小鱼，嘴里好像同时咬着两条大鱼，构成了形象奇特的人鱼合体图。在两个对称的人面之间还有两条大鱼在相互追逐。

红山玉龙

材质：玉

所属年代：新石器时代后期红山文化

现藏地：中国国家博物馆

出土地：内蒙古自治区翁牛特旗赛沁塔拉村

你心目中的龙是什么样的呢？它会不会长着鹿的眼睛、猪的鼻子、蛇的身体和马儿一样的鬃毛呢？来自新石器时代的这条"C"形墨绿色玉龙，给了我们答案。这件年代久远、造型生动的玉雕国宝还有着"中华第一龙"的美誉。

『王为般卜』刻辞龟甲

材质：甲骨
所属年代：商代
现藏地：中国国家博物馆
出土地：传为河南省安阳市殷墟遗址

　　你见过刻在龟甲上的文字吗？这片占卜用的刻辞龟甲，正面残存 17 个字，让我们有幸得见甲骨文的真实面貌。而其背面钻凿及灼烧的痕迹，则向世人揭示了刻辞龟甲是如何使用的。

材质：青铜
所属年代：商代晚期
现藏地：中国国家博物馆
出土地：湖南省宁乡市黄材镇炭河里遗址

四羊方尊

四羊方尊是中国现存商代青铜方尊中最大的一件。方口，大沿，尊如其名，四角各有一只卷角羊，栩栩如生，纹饰精美，巧夺天工，被史学界称为"臻于极致的青铜典范"，为中国十大传世国宝之一。

击鼓说唱俑

材质：陶
所属年代：东汉
现藏地：中国国家博物馆
出土地：四川省成都市天回山

　　这件来自东汉的击鼓说唱俑，被称为"汉代第一俑"。他身材矮胖，头上戴着小头巾，额前装饰着小花饰，收颈耸肩，袒胸露腹，左臂抱一面小扁鼓，右手的鼓槌高举欲击，右脚上扬，似乎正表演到忘形之处，眉飞色舞，生动传神。

彩绘浮雕武士石刻

材质：汉白玉石
所属年代：五代十国
现藏地：中国国家博物馆
出土地：河北省曲阳县王处直墓

　　快看这位身着盔甲的高大武士，他横眉立目，手持宝剑，肩上立一只口含宝珠的凤鸟，脚踏牛形异兽，那样子好不威风！整件武士石刻浮雕生动精细，彩绘精致艳丽，塑造的应是佛教护法神的天王形象。在艺术风格上，这件文物上承唐代之遗韵，下开宋元之先河，是难得的艺术珍品。

15

九龙九凤冠

明代孝端皇后

材质：竹、金、银等
所属年代：明代
现藏地：中国国家博物馆
出土地：北京市昌平区明定陵

　　这顶华丽的凤冠以竹为骨，前部饰九条腾飞的金龙，它们遨游于翠云之上，口衔珠滴，珠滴能随女子的步态晃动，平添美感。与九龙相对应的为流连于璀璨珠花宝石间的九凤。整顶凤冠金翠交辉，华彩惊艳。

河南博物院的前身是河南博物馆，馆址几经变更，又与他馆合并后最终更名落成，是中国建立较早的博物馆之一。河南博物院现有馆藏文物 17 万余件（套），多来自 20 世纪初商丘、洛阳、安阳、开封、新郑等地的考古发掘，尤以史前文物，商周青铜器，历代陶瓷器、玉器及石刻最具特色，是展示中原文化、黄河文化、华夏文脉的文化殿堂。

河南博物院

贾湖骨笛

材质：骨
所属年代：新石器时代
现藏地：河南博物院
出土地：河南省舞阳县贾湖遗址M282

  这支骨笛通体呈褐色，器表光滑莹润，笛身开七个音孔，能演奏出近似现在的七声音阶，大孔旁还有极小的调音孔，用于校准音差，因出土自贾湖遗址而得名。贾湖骨笛是迄今为止我国发现的最早的、音乐性能最好的管乐器。它的出土，将中国古代音乐文明的源头上溯到了8000多年前，被称为"中华第一笛"。

妇好鸮尊

材质：青铜
所属年代：商代晚期
现藏地：河南博物院
出土地：河南省安阳市殷墟小屯宫殿宗庙遗址西南侧妇好墓

　　妇好鸮尊是中国商代青铜器中的精品，是禁止出境展览文物之一，也是河南博物院的"九大镇院之宝"之一。器身刻铭文"妇好"二字，造型生动，整体为一只昂首挺立的鸮，圆圆的眼睛，宽宽的鸟喙，双翅收拢，两只鸟足与下垂的尾巴构成三点支撑，表面花纹繁缛，有蝉纹、兽面纹、夔纹等，精美绝伦。妇好鸮尊出土时其实是一对，另一件藏于中国国家博物馆。

云纹铜禁

材质：青铜
所属年代：春秋时期
现藏地：河南博物院
出土地：河南省淅川县下寺春秋楚墓

　　禁是盛放酒器的案具。这件春秋晚期的云纹铜禁是河南博物院的镇院之宝之一。器身重94.2千克，整体用失蜡法铸就，主体为长方体，底部中空。禁体上部中央有一长方形面，面周围和四壁覆盖着弯弯曲曲、不计其数的铜梗，组成庄严瑰丽的朵朵"铜云"。云纹铜禁的铸艺错综复杂，巧夺天工，不仅具有极高的艺术水平，对研究中国古代的科技史也起着重要作用。

莲鹤方壶

材质：青铜
所属年代：春秋时期
现藏地：河南博物院
出土地：河南省新郑市李家楼郑公大墓

　　一朵怒放的莲花，一只傲立的仙鹤，共同构成了"莲鹤"之名。该壶壶身呈椭方形，遍布纹饰，颈部两侧饰回首龙形双耳，腹部四周四条翼龙似正顺着壶腹的曲线向上攀行，两只卷尾兽在壶底承托器身。莲鹤方壶还有一位"孪生兄弟"被收藏于故宫博物院，都是禁止出境展览的国宝级文物。

武则天金简

材质：金

所属年代：唐代

现藏地：河南博物院

出土地：河南省登封市嵩山峻极峰北侧石缝中

这通金光闪闪的金简，又名"武曌金简"。整体呈竖长方形，厚约0.1厘米，重223.5克，没有花纹装饰，正面镌刻双钩铭文3行63字，是目前发现的唯一一件与女皇武则天有直接联系的可移动历史文物。

顺昌府汝阴县出门税银铤

材质：银
所属年代：宋代
现藏地：河南博物院
出土地：河南省唐河县湖阳镇

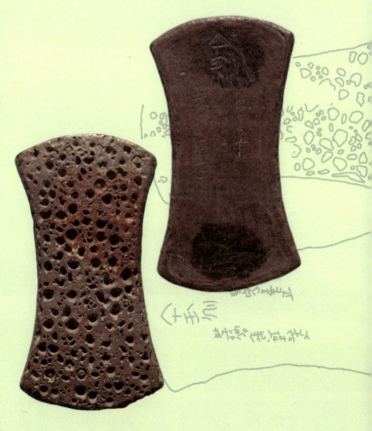

　　影视剧中元宝形状的银两，你一定没少见，但河南博物院中的银两长得却和鞋垫差不多——平板束腰，两端呈弧形，名叫"银铤"。这块银铤背面呈蜂窝状，正面微凹，上部刻"顺昌府汝阴县"等字样。

23

湖北省博物馆筹建于1953年，是湖北省规模最大、藏品最为丰富、科研实力最强的国家级综合性博物馆，现有馆藏文物46万余件（套），青铜器、漆木器、简牍最有特色，其中国家一级文物1095件（套）。

湖北省博物馆

崇阳铜鼓

材质：青铜
所属年代：商代
现藏地：湖北省博物馆
出土地：湖北省崇阳县白霓镇大市村汪家嘴

　　在我们的印象中，鼓往往是以皮作面的，而这件铜鼓的鼓身、鼓座、鼓冠，全以铜浇铸而成。它的"鼓肚子"又大又圆，"脑袋"与"腿脚"显得小巧精致，"身上"的漂亮纹饰都是当时的流行款。崇阳铜鼓是我国目前所见最早的青铜鼓之一，也代表了我国商代青铜工艺的制作特点与水平。

越王勾践剑

材质：青铜

所属年代：春秋

现藏地：湖北省博物馆

出土地：湖北省荆州市江陵县望山1号楚墓

这柄青铜宝剑长 55.6 厘米，宽 5 厘米，重约 875 克。它深埋地下数千年，出鞘时仍然闪烁着耀眼的寒光，几乎难见岁月的痕迹。两行鸟篆铭文十分瞩目，刻在剑身正面接近剑格的位置，内容为"越王鸠浅，自乍（作）用剑"。其中"鸠浅"就是越王勾践，直接点明剑主身份。

曾侯乙编钟

材质：青铜
所属年代：战国
现藏地：湖北省博物馆
出土地：湖北省随州市曾侯乙墓

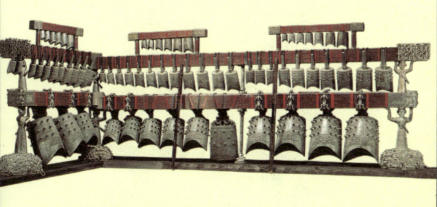

　　编钟是青铜乐器中的打击乐器。曾侯乙编钟全套65件，被分为三层八组，悬挂于铜木结构的钟架之上，组成大型礼乐重器。它是目前中国发现的数量最多、保存最好、音律最全、气势最宏伟的一套编钟，堪称"编钟之王"。它光是静静地陈列在展厅中，就能让人感受到来自两千多年之前的强大声场。

虎座鸟架鼓

材质：漆、木
所属年代：战国
现藏地：湖北省博物馆
出土地：湖北省枣阳市九连墩2号墓

　　这件虎座鸟架鼓是楚地独有的器物，由双虎、双凤、悬鼓三大部分组成。器身整体刷黑漆，以红、黄、金等色彩绘。虎座稳重，凤架轩昂，蕴含着楚文化的传奇与浪漫色彩。

云梦睡虎地秦简

材质：竹
所属年代：战国晚期至秦代
现藏地：湖北省博物馆
出土地：湖北省云梦县睡虎地秦墓

因出土地而得名的云梦睡虎地秦简，是一份来自秦朝的"工作笔记"。这些竹简一般长23.1~27.8厘米，宽0.5~0.8厘米，包括1155枚竹简、80枚残片，共有用秦隶书写的4万多墨字，反映了秦统一六国前后诸多方面的社会现象。

鎏金铜玄武

材质：铜
所属年代：明代
现藏地：湖北省博物馆

　　这件鎏金铜玄武铸造于明代永乐年间，原来供奉在武当山的宫观内。由于年代久远，器体上的部分金已脱落，但这并不影响其高超的铸造技术与独特的造型带给人们的生动观感——一条蛇的蛇尾与龟尾交缠，蛇身从龟的腹部绕过，蛇头耸立，俯视欲下，与仰头朝后看的大龟四目相对。一龟一蛇，就这样相依相望了数百年的光阴……

南京博物院

南京博物院是中国三大博物馆之一，其前身是 1933 年蔡元培等倡建的国立中央博物院，是中国第一座由国家投资兴建的大型综合类博物馆。南京博物院拥有各类藏品 43 万余件（套），珍贵文物数量居全国第二，仅次于故宫博物院。

金兽

材质：金
所属年代：最晚至西汉
现藏地：南京博物院
出土地：江苏省盱眙县南窑庄

这件文物上有环钮，底座凹空，金兽造型生动，全身布满鳞片一样的斑纹，两只前爪搭在身前，八个指头排得整整齐齐，长长的尾巴绕住自己的半边身子，伸入腹下。别看它个头不大，却是最"多金"的小家伙，含金量99%，重9100克，是目前我国出土古代黄金铸器中最重的一件。

银缕玉衣

材质：玉片、银丝
所属年代：汉代
现藏地：南京博物院
出土地：江苏省徐州市土山一号汉墓

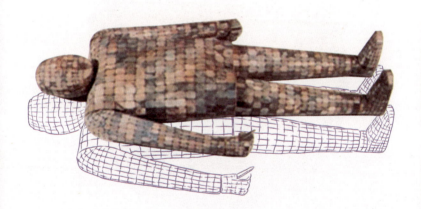

　　这件文物可不是什么战士全副武装的铠甲，而是墓主所穿的"衣服"。整件银缕玉衣全长170厘米，包括头罩、上衣、裤子、手套、鞋子等部分，都以丝织物缀边，既美观，又便于加固定型。全衣共用玉片2600余片，编缀玉片的银丝重约800克。

材质：瓷
所属年代：西晋
现藏地：南京博物院
出土地：江苏省宜兴市周处家族墓

　　远看一只大鸭梨，近看一头小神兽。这件青釉瓷神兽尊是西晋越窑的精品，釉色略微泛灰，高度将近28厘米，尊与神兽的造型融合巧妙。尊上的神兽瞪着一双圆圆的大眼睛，小猪鼻似的鼻孔朝天，口中含着一颗大大的宝珠，还露出四颗尖牙，看起来有点儿凶呢。

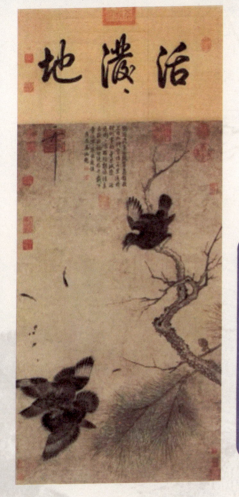

《鸜鹆图》

材质：纸本
所属年代：北宋
创作者：赵佶
现藏地：南京博物院

　　这是一幅宋代的花鸟画，画中的主角是三只鸜鹆（qú yù），其中两只正激烈相斗，嘴啄爪挠，毛血飞洒，谁都不甘示弱，另一只则落在一旁的松树枝头观战。画家笔下，鸜鹆的羽毛浓黑，松树的鳞皮逼真，松针的尖芒细而锐，根根分明。

青花寿山福海纹香炉

材质：瓷
所属年代：明代
窑口：景德镇御窑厂
现藏地：南京博物院

　　这件南京博物院的镇院之宝是明永乐年间景德镇御窑厂的精品之作，因炉壁满绘波涛和山峦，寓意"寿山福海"而得名。此炉盘口，方唇，束颈，鼓腹，以三象腿形足为支撑，炉壁上汹涌的波涛似乎要奔涌而出，与仿青铜鼎的造型完美结合，气势磅礴。

金蝉玉叶饰件

材质：金、玉
所属年代：明代
现藏地：南京博物院
出土地：江苏省苏州市五峰山张安晚家族墓

　　这件不到巴掌大的文物，是我国目前出土的唯一一件金蝉玉叶饰件。它由一只栩栩如生的金蝉和一片洁白莹润的玉叶组成，脉络分明的玉叶分为八瓣，托起这只双翼略张、嘴巴微开、似正在鸣叫的金蝉。二者相得益彰，可谓"金玉良缘"！

《杂花图》

材质：纸本
所属年代：明代
创作者：徐渭
现藏地：南京博物院

　　《杂花图》画于明万历年间，是徐渭的扛鼎之作，也是南京博物院的镇院之宝之一。这幅画卷长10多米，画中一花一木看似随意罗列，实则各种花木或疏或密，长势、大小各有不同，排布皆有章法。画家用墨时而浓重，时而清淡；用笔时而迟缓，时而迅疾。既有一气呵成的气势，又有细致入微的描绘，匠心独运，实为明代画坛之空前佳作。

陕西历史博物馆筹建于1983年，1991年6月20日落成开放，是中国改革开放后建成的第一座大型现代化国家级博物馆，被誉为"古都明珠""华夏宝库"，标志着中国博物馆事业迈入了新的发展里程。陕西历史博物馆现有馆藏文物170余万件（组），其中，一级文物762件（组）、国宝级文物18件（组）。

陕西历史博物馆

错金杜虎符

材质：青铜
所属年代：战国
现藏地：陕西历史博物馆
出土地：陕西省西安市南郊北沈家桥村

　　小小一块铜符就能调遣千军万马？错金杜虎符就能做到。这件国宝级的文物来自群雄并起的战国时代，虎作站立状，昂首挺胸，虎口半张，虎尾上卷，两腿前曲，仿佛下一刻就会扑向猎物，颇有虎啸风生之势。

战国金怪兽

材质：金
所属年代：战国
现藏地：陕西历史博物馆
出土地：陕西省神木市纳林高兔村

　　这只金灿灿的小怪兽由黄金制成，做工精湛，托座呈花瓣形。战国金怪兽出土于陕西境内一座匈奴人的陵墓中，被推测为匈奴首领帽上的冠饰，是北方草原匈奴文化的珍贵遗存。

跪射俑

材质：陶
所属年代：秦代
现藏地：陕西历史博物馆
出土地：陕西省西安市临潼区秦始皇兵马俑二号坑

　　陕西最出名的文物无疑是秦始皇陵兵马俑，而这件跪射俑则是兵马俑中的精品，且保存完好。他身披铠甲，神情肃穆，是大秦帝国万千战士的缩影，似与其他陶俑一起，仍在地下的疆场演绎着金戈铁马的传奇。

彩绘雁鱼铜灯

　　瞧，这只体态圆润的鸿雁双足并立，正伸长脖颈张嘴衔鱼呢！来自西汉的这盏彩绘雁鱼铜灯由衔鱼的雁首、雁身、两片灯罩及灯盘四个主要部分构成，是一件设计精妙的环保灯具。它的整体造型雅趣横生，是汉代青铜器中不可多得的珍品。

材质：青铜
所属年代：西汉
现藏地：陕西历史博物馆
出土地：陕西省神木市店塔村西汉墓

西汉皇后之玺玉印

材质：玉
所属年代：西汉
现藏地：陕西历史博物馆
出土地：陕西省咸阳市韩家湾狼家沟

　　可不要小瞧了这件还没巴掌大的国宝印章，它的用料是极珍贵的新疆和田羊脂白玉。作为汉代皇后玉玺的唯一实物资料，西汉皇后之玺对研究秦汉帝后玺印有着十分重要的价值，故被列入《第三批禁止出境展览文物目录》。

唐三彩骆驼载乐俑

材质：陶
所属年代：唐代
现藏地：陕西历史博物馆
出土地：陕西省西安市西郊中堡村唐墓

　　听，这是哪里传来的美妙乐声？原来是一支以驼代步、载歌载舞、巡回演出的乐队啊！唐三彩骆驼载乐俑载歌载舞的生动场景对研究盛唐音乐、歌舞、服饰、文化交流等都极具参考价值。

葡萄花鸟纹银香囊

材质：银
所属年代：唐代
现藏地：陕西历史博物馆
出土地：陕西省西安市何家村窖藏

香囊是唐代贵族妇女的流行饰物，但这件镂空缠枝纹银香囊却刷新了我们对布兜样式香囊的认知。一颗金属球也能做香囊吗？答案是肯定的。这种香囊的顶部设有环链和挂钩，球体分内、外两层，构造精妙，小巧玲珑，既可随身佩戴，也可系在床帐、车幔上，是极其珍贵的历史文物。

　　三星堆博物馆位于全国重点
文物保护单位三星堆遗址东北
角，地处三星堆镇鸭子河畔，是
一座现代化的专题性遗址博物
馆，也是离古蜀人最近的一片土
地。每一件珍贵的馆藏文物，都
在邀请参观者前往那神秘而浪漫
的三星堆一探究竟。

商青铜立人像

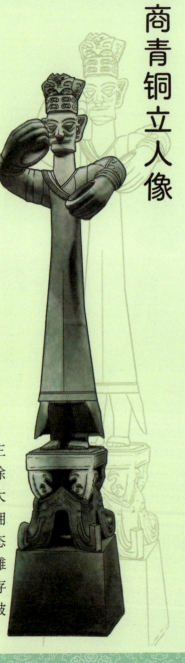

材质：青铜

所属年代：商代

现藏地：三星堆博物馆

出土地：四川省广汉市三星堆遗址二号祭祀坑

这尊巨大的青铜立人像是三星堆博物馆的镇馆之宝之一。除去底座，这位来自古蜀国的"大人物"，身高足有一米八，拥有一双人人艳羡的大长腿，姿态挺拔，不仅在三星堆一众青铜雕像中脱颖而出，也是世界上现存最高、最完整的青铜立人像，被誉为"世界铜像之王"。

商青铜神树

材质：青铜
所属年代：商代
现藏地：三星堆博物馆
出土地：四川省广汉市三星堆遗址二号祭祀坑

"神山"般的底座，栖息着九只神鸟的大树，再加上一条盘绕树侧的龙，这三者共同组成了四川三星堆博物馆的镇馆之宝——一株高近四米的大型青铜神树。该神树采用分段铸造法铸造，树身分三层，每层有三枝，共九枝，枝上结果，果上立着的飞鸟神气十足，绕树的铜龙神秘莫测。

49

商戴金面罩青铜人头像

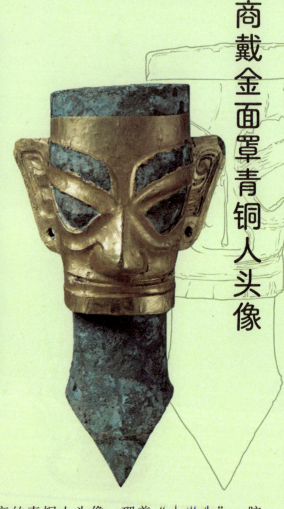

材质：青铜

所属年代：商代

现藏地：三星堆博物馆

出土地：四川省广汉市三星堆遗址二号祭祀坑

　　这件近半米高的青铜人头像，理着"小半头"，脑后梳着小辫子，眼角高挑，眼球凸出，大鼻头，阔嘴巴，表情威严，戴着眉眼部镂空的精致金面罩。面罩轻薄，好像只是敷了一片"黄金面膜"。其颈底部呈"V"字形，有可能用于插在土台、祭坛上，或是配合木制、泥塑身躯使用。

商青铜太阳形器

材质：青铜
所属年代：商代
现藏地：三星堆博物馆
出土地：四川省广汉市三星堆遗址二号祭祀坑

　　三星堆文物中惊现"穿越者"？你瞧，这件直径85厘米的青铜器，造型十分特殊——中部为凸起的球状，周围五根放射状的青铜柱连接着外部的圆圈，还真像从现代的大卡车上拆下来的方向盘呢！

商青铜纵目面具

材质：青铜
所属年代：商代
现藏地：三星堆博物馆
出土地：四川省广汉市三星堆遗址二号祭祀坑

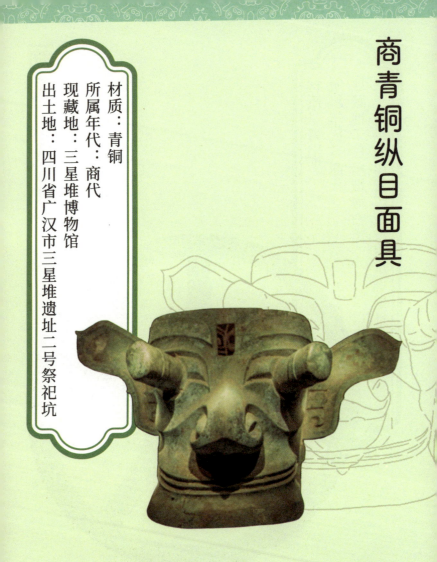

　　该面具体积庞大，高66厘米，宽138厘米，造型夸张。面具同时拥有"千里眼"与"顺风耳"——向外凸出约16厘米的双眼，如架上了一副望远镜，仿佛能看到千里之外的景象，而那对大招风耳往斜后方上扬，似乎能听到来自极远之地的声音。

台北故宫博物院，又称"中山博物院"，是一座大型综合性博物馆，为中国三大博物馆之一，于 1965 年夏落成，由中央园林与步道、博物馆正馆建筑、文物储藏山洞与廊桥组成。碧色琉璃瓦的屋顶、米黄色的外墙、洁白的石栏杆……建筑设计仿造中国传统宫殿，风格清丽典雅，富有民族特色。博物院内所藏文化瑰宝约 70 万件，琳琅满目，是研究古代中国艺术史和汉学的重镇。

台北故宫博物院

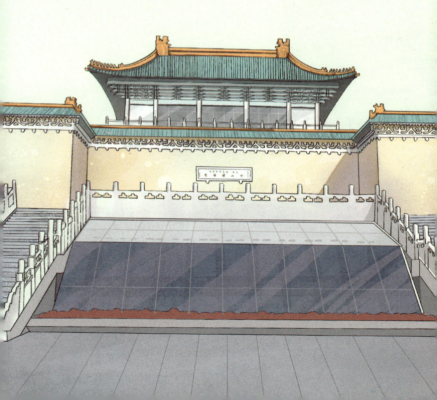

《快雪时晴帖》

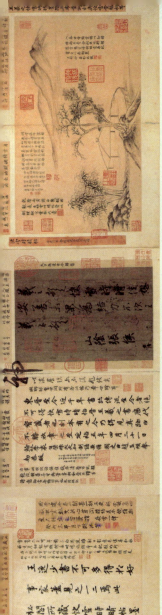

材质：纸本
所属年代：东晋
创作者：王羲之
现藏地：台北故宫博物院

《快雪时晴帖》是大书法家王羲之写给"山阴张侯"的一条28字"短信"。内容简单，就是大雪过后，天气转晴，心情不错，问候朋友是否安好。从书法的角度来欣赏，其行书圆笔藏锋，悠闲逸豫，布局匀整安稳，具有气定神闲的平衡之美。

《祭侄文稿》

材质：纸本
所属年代：唐代
创作者：颜真卿
现藏地：台北故宫博物院

《祭侄文稿》是颜真卿为追祭侄子创作的行书纸本书法作品，纵28.3厘米，横75.5厘米，共23行，234字。通篇字距、行距时疏时密，随心所欲，用笔豪放淋漓，一气呵成，极具史料价值与艺术价值，被称为"天下第二行书"。

定窑白瓷婴儿枕

材质：瓷
所属年代：北宋
现藏地：台北故宫博物院

　　两只眼睛滴溜圆，两只耳朵像元宝，一双小脚交叉翘……定窑的匠人别出心裁地将瓷枕塑造成了一个眉清目秀、天真可爱的男孩儿形象，特别惹人怜爱。只要一瞧这孩子趴在垫上悠然自得的模样，枕在上边的人一定也能拥有一份同样惬意的好心情吧。

《富春山居图》

材质：纸本
所属年代：元代
创作者：黄公望
现藏地：台北故宫博物院

　　《富春山居图》以黄公望晚年所居的浙江富春江一带为背景，以淡雅的笔墨描绘出疏密有当的山川景致。山水间的房舍、渔舟、亭台、小桥、人物、飞禽等无不勾勒生动，富于变化，可远观，可近看，如同一张全景照片，堪称中国古代水墨山水长卷中的扛鼎之作。

翠玉白菜

材质：玉
所属年代：清代
现藏地：台北故宫博物院

　　你能想象高雅珍贵的玉雕与朴实无华的大白菜融合起来是什么效果吗？台北故宫博物院的翠玉白菜就是一个最好的例子。清代的玉雕匠人巧妙地运用一块一半灰白、一半翠绿的翡翠玉石，将玉料中的白色部分雕为白菜的菜帮，绿色部分雕成菜叶。整棵白菜叶脉分明，自然反卷，好不逼真！

东坡肉形石

材质：玉石
所属年代：清代
现藏地：台北故宫博物院

　　台北故宫博物院最著名的"一素一荤"就是翠玉白菜与肉形石。这道"荤菜"是清廷珍玩，可谓奇石，不仅外形与东坡肉极为相似，连色泽都异常逼真，肥厚层次分明，甚至自带肉类的胶质感，几乎可以以假乱真。

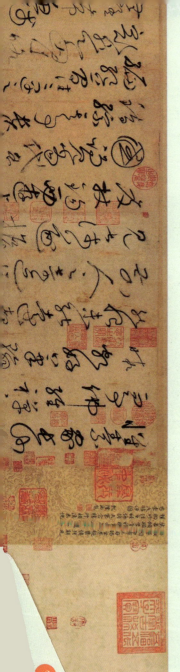

《自叙帖》

材质：纸本
所属年代：唐代
创作者：怀素
现藏地：台北故宫博物院

　　《自叙帖》是怀素流传下来的作品中篇幅最长的一件。怀素在作品中间单回顾了自己的生平，还颇有些自得地抄录了颜真卿、戴叔伦、钱起等名士称颂其书法的诗句。作品通篇狂草写就，笔笔中锋，一气呵成，神采激荡，被奉为"天下第一草书"。